📖 주제

· 믿음 · 우정 · 회복

📖 활용 학년 및 교과 연계

초등 과정	3학년 도덕	1. 나와 너, 우리 함께
	4학년 도덕	4. 힘과 마음을 모아서
	4-1 국어	10. 인물의 마음을 알아봐요
	5-1 사회	2. 인권 존중과 정의로운 사회

초등 첫 인문철학왕
친구들아, 나 좀 믿어 줘!

초판 1쇄 발행 2023년 3월 30일

글쓴이 박남희 | **그린이** 김규준 | **해설** 강재린
기획편집 이정희 | **편집** 김민애 박주원
디자인 문지현 이유리 | **생각 실험 디자인** 이유리

펴낸이 이경민 | **펴낸곳** ㈜동아엠앤비
출판등록 2014년 3월 28일(제25100-2014-000025호)
주소 (03972) 서울특별시 마포구 월드컵북로22길 21, 2층
전화 (편집) 02-392-6901 (마케팅) 02-392-6900 | **팩스** 02-392-6902
홈페이지 www.moongchibooks.com | **전자우편** damnb0401@naver.com | **SNS** 🇫 📷 Blog

ISBN 979-11-6363-606-9(74100)

※ 잘못된 책은 구입한 곳에서 바꿔 드립니다.
※ 이 책에 실린 사진은 셔터스톡, 위키피디아, 게티이미지뱅크(코리아)에서 제공받았습니다. 그 밖의 제공처는 별도 표기했습니다.

도서출판 뭉치는 ㈜동아엠앤비의 어린이 출판 브랜드로, 아이들의 지식을 단단하게 만들어 주고,
아이들의 창의력과 사고력을 키워 주어 우리 자녀들이 융합형 사고뭉치와 창의뭉치로
성장할 수 있도록 좋은 책을 만들겠습니다.

한국
철학교육
학회
추천도서

친구들아, 나 좀 믿어 줘!

글쓴이 **박남희** 그린이 **김규준**
해설 **한국 철학교육연구원 강재린**

서로 믿지 않는다면
무슨 일이 생길까?

'질문'의 힘! '생각'의 힘!
'미래 인재'로 가는 힘!

어린이와 학부모님들께 《초등 첫 인문철학왕》을 추천할 수 있어서 매우 기쁩니다. 어린이들이 이 시리즈를 통해 '나'에 대해, 나와 공동체 사이의 소통에 대해, 세상의 이치와 진리에 대해 마음껏 질문하고 생각하기를 바라기 때문입니다. 그렇게 되면 창의적으로 문제를 해결하는 힘 또한 커질 수 있다고 믿기 때문이지요.

'제4차 산업혁명의 시대'라는 말처럼 우리는 모든 것이 혁신적으로 변화하는 시대에 살고 있습니다. 스마트폰, 인공 지능, 첨단 로봇 등 새로운 기술과 지식이 나오는 속도도 이전과 비교할 수 없을 정도로 빨라졌지요. 세상에 넘쳐나는 지식과 정보는 이제 누구나 쉽게 구할 수 있고, 개인의 두뇌에 담아낼 수 있는 용량을 넘어선 지 오래입니다. 결국 이 시대의 아이들에게 필요한 것은 지식보다는 그 지식을 다루는 지혜와 창의성 아닐까요?

7차 교육과정 개정 이후 학교 교육도 이러한 시대 흐름에 맞추어 미래 사회가 요구하는 인문학적 상상력과 과학기술 창조력을 두루 갖춘 창의융합형 인재를 양성하는 것을 목표로 합니다.

'철학'은 '지혜를 사랑하는'이란 뜻을 가진 말입니다. 이 학문은 여러분처럼 모든 것에 호기심 많았던 철학자들로부터 시작됩니다. 아주 오래전부터 인간, 사회, 자연, 우주, 진리 등 다양한 분야에서 다른 사람들보다 더 깊이, 더 많이, 그리고 아주 끈질기게 했던 수많은 질문과 탐구를 하며 만들어졌습니다.

마치 높은 곳에 올라가면 마을 전체를 내려다볼 수 있는 넓은 시야를 얻게 되듯이, 철학을 한다는 것은 하나의 문제를 더 큰 눈으로 볼 수 있게 되는 것이랍니다. 그러면 어떤 점이 좋을까요? 더 넓게 보는 눈, 더 깊이 있게 보는 눈, 다른 사람들이 생각하지 못한 부분들을 상상하고 찾아낼 수 있는 눈이 생깁니다. 또 우리 앞의 문제들을 자신만의 창의적인 방법으로 해결할 수도 있고, 그 문제를 해결하다가 다른 더 큰 문제를 발견하여 미리 처리할 수도 있습니다.

《초등 첫 인문철학왕》은 바로 그러한 생각의 눈을 아주 활짝 열어 줄 것입니다. 주제와 관련된 재미있는 동화, 이와 연결된 깊이 있는 인문 해설과 철학 특강, 창의·탐구 활동 등으로 구성된 시리즈는 아이들이 세상에 넘쳐 나는 지식을 지혜롭게 다루는 힘을 길러서, 문제해결력을 갖춘 창의적 인재로 성장할 수 있게 해 줄 것입니다.

그러니 이 책을 읽으며 여러 분야에서 떠오르는 호기심과 질문들을 혼자만 가지고 있지 말고 친구, 가족과도 나누어 보시길 바랍니다. 모두가 질문하고 생각하는 힘이 생긴다면, 어려운 문제들을 함께 해결해 나가는 공동체를 만들 수 있겠지요?

이 책을 읽는 여러분들 모두, 그런 멋진 공동체를 하나둘 만들어 나가는 지혜로운 미래 인재가 되기를 기대합니다.

이지애 드림
(이화여대 철학과 부교수, 한국 철학교육 학회 회장)

초등 첫 인문철학왕
이렇게 활용하세요!

생각 실험

생각 실험은 어떤 사실을 알기 위해 여러 가지 실험과 사례를 연구하는 것이에요. 철학이나 자연 과학 분야 등에서 널리 사용되는 방법이에요. 권마다 주제에 관련된 실험, 유명한 인물의 사례 등을 읽으며 상상력과 문제 해결력을 키워 보세요.

만화 & 동화

인문 철학 주제별로 아이들의 생활 세계 속 이야기, 패러디 동화 등이 다양하게 펼쳐져요. 처음과 중간은 만화, 본문은 그림 동화로 되어 있어서, 재미난 이야기에 푹 빠질 수 있어요.

인문철학왕되기

오랫동안 어린이들과 함께 철학 수업을 연구하고 진행해 온 한국 철학교육연구원 소속 교수와 연구진들이 집필했어요.

소쌤의 철학 특강, 인문 특강, 창의 특강으로 구성되었어요. 주제와 이야기 안에 숨겨진 철학적 문제들에 대해 함께 답을 찾아갈 수 있도록 깊이 있는 토론과 특강, 그리고 재미있는 활동으로 구성되었어요.

교과 연계

각 권마다 최신 개정 교과서 단원과 연계되어 교과 학습에 도움이 되도록 구성되었어요. 권별로 확인하세요.

이 책의 차례

추천사 ··· 4
구성과 활용 ································· 6

생각 실험 토끼를 잡을 것이냐?
사슴을 잡을 것이냐 ················· 10

만화 토끼와 거북이의 이야기는
이렇게 시작됐다! ····················· 20

토끼와 거북이 ································· 22
- 인문철학왕되기1 믿음이 뭘까?
- 소쌤의 철학 특강 믿는다는 것의 의미

나도 억울해 ································· 44
- 인문철학왕되기2 거짓말은 왜 하는 걸까?
- 소쌤의 인문 특강 우리는 거짓말을 얼마나 많이 할까?

| 만화 | **거짓말쟁이 차차** | 66 |

바다가 무서워 ··················· 74
- 인문철학왕되기3 거짓말은 모두 나쁠까?
- 소쌤의 철학 특강 거짓말에 대한 철학자의 입장

다시 친구가 되어 ··················· 92
- 인문철학왕되기4 만일 나라면?
- 놀이활동 믿음도 키우고 재미도 키워요

생각 실험

토끼를 잡을 것이냐?
사슴을 잡을 것이냐

사람들이 서로를 믿지 못하는 사회와
사람들이 서로를 믿는 사회 중
어떤 사회가 더 살기 좋은 사회일까요?
사람 사이의 믿음을 보통 '신뢰(trust)'라고 하는데요.
신뢰란 다른 사람이 나에게 나쁘지 않게
행동할 것이라는 기대와 믿음을 가지는 것을
뜻합니다. 다른 사람이 나를 배신하지
않을 것이라는 믿음이 있어야
사람들은 서로 협동할 수 있습니다.

18세기 프랑스 철학자 장 자크 루소는
사람들이 서로를 신뢰하고 약속을 지키는 것이
서로에게 더 큰 이득을 주지만,
눈앞에 이익이 있을 때는 서로에 대한
신뢰를 저버리는 일이 많기 때문에
사회 문제가 발생한다고 이야기합니다.

어떤 마을은 겨울만 되면 양식이 부족합니다.
다행히 그 마을 근처 숲에는 사슴과 토끼가 삽니다.
**토끼를 잡으면 우리 가족만 배불리 먹을 수 있으나
사슴을 잡으면 마을 전체가 며칠을 배불리
먹을 수 있습니다.
토끼는 혼자 잡을 수 있으나
내가 토끼를 잡는 데 시간을 쓰면,
사슴을 잡을 수 없어 다른 마을 사람들은
쫄쫄 굶어야 합니다.** 사슴을 잡기 위해서는
온 마을 사람들이 자기 자리를 지켜서
사슴이 도망가지 못하도록 포위해야 하거든요.

먹을 것이 부족해진 어느 날,
마을 사람들은 다 같이 숲으로 가서
사슴을 몰았습니다.

그때 내 앞으로 토끼 한 마리가 나타납니다.
토끼 한 마리면 우리 가족이 배불리 먹을 수 있어요.
그렇지만 지금 자리를 벗어난다면
사슴을 잡을 수 없습니다.

내가 만약 토끼를 잡으러 가면,
다른 사람들도 각자의 토끼를 잡으러
자리를 벗어날지도 몰라요.
그러면 사슴 사냥은 실패하고 맙니다.
만약 나는 그대로 있는데,
다른 사람이 토끼를 잡으려고
자리를 벗어나면요?
난 토끼도 놓치고
사슴도 못 잡게 될 거예요.

사람들끼리 신뢰가 있을 때에는
다른 사람을 도와주면 다른 사람도 언젠가
나를 도와줄 것이라고 믿고,
이런 **믿음을 바탕으로 함께 협동**을 합니다.
서로를 믿고 함께 협동하는 것이 무조건 좋은 걸까요?
아니면 내 이익을 위해서는
상대의 믿음을 깨도 되는 걸까요?

내가 사슴 사냥을 하러 간 마을 사람 중
한 명이라고 상상해 봅시다.
어떻게 하는 것이 나에게 더 이로운 걸까요?

용궁 입구

토끼와 거북이

토끼는 바다에서 나오자마자 쏜살같이 도망갔어요.

"어, 어, 어, 좀 천천히 가."

뒤에서 거북이가 엉금엉금 따라오며 소리쳤어요.

토끼는 거북이에게 속은 걸 생각하자 화가 났습니다.

"이 거짓말쟁이야! 용궁 구경 시켜 준다고 하고선 간을 달라고 하냐?"

"처음부터 간이 필요하다고 했으면 안 따라왔을 거 아냐."

거북이가 말했어요.

"당연하지. 죽는데 누가 따라가겠어."

토끼가 말했어요.

"그렇지만 넌 간을 빼서 말리기도 하잖아. 네 몸에선 간이 자라는 거 아냐?"

거북이는 토끼가 왜 화를 내는지 몰랐어요.

"이 바보야. 간을 밖에다 내놓고 다니는 동물이 어딨냐."

토끼는 어이가 없었어요.

"뭐라고? 너 거짓말했어?"

거북이는 깜짝 놀라며 그 자리에 섰어요.

"무슨 말이야. 거짓말은 네가 먼저 했잖아."
토끼는 숲속 마을 입구에 서서 소리쳤어요.
숲에서 친구들이 하나둘 나와서 토끼에게 다가왔어요.
"벌써 용궁에 갔다 왔어? 어땠어? 멋있었지?"
다람쥐가 말했어요.

"말도 마, 나 죽을 뻔했어."
"뭐라고? 그거 무슨 말이야?"
토끼의 말에 친구들이 모두 깜짝 놀랐어요.
"글쎄, 거북이가 날 속인 거더라고. 예전에는 착했는데 이상하게 변한 것 같아. 내 간이 필요해서 데리고 간 거더라고."

토끼는 다시 생각해도 화가 났어요. 기대했던 용궁 구경을 못 하고 나온 것도 억울했어요.

"정말? 거북이 진짜 못됐다."

다람쥐가 말했어요.

"세상에, 거북이가 본래 좀 음흉(겉으로는 부드러워 보이나 속으로는 엉큼하고 흉악함.)하다고 했어."

두더지가 소곤거렸어요.

"나 진짜 너무 무서웠어."

토끼는 얼굴을 찡그렸어요.

"나도 들었는데 거북이가 엄청 거짓말을 하고 다닌대. 뭐, 바닷속에 엄청 큰 집이 있다고 자랑도 하고."

부엉이가 말했어요.

"아니, 용왕님한테 가면 죽을 줄 뻔히 알면서 어떻게 데리고 갈 생각을 하냐. 말도 안 돼."

두더지도 토끼를 안아 주며 위로했어요.

"거북이 그렇게 안 봤는데 진짜 못됐다."

숲속 친구들은 토끼를 위로했어요.

"너희들 혹시 거북이가 무슨 말을 하더라도 절대 절대 속으면 안 돼."

토끼는 힘주어 말했어요.

집으로 간 토끼는 혼자 곰곰이 생각했어요.

'왜 내가 속았을까? 용궁 구경 시켜 준다는 말에 좋아서 그랬을 거야. 용궁 구경은 정말 하고 싶었거든.'

토끼는 숲속 친구들 중에 용궁 구경을 한 최초의 동물이 되고 싶었어요. 토끼는 거북이에게 쉽게 속아 넘어간 자기 잘못도 있다고 생각했어요.

"앞으로는 생각지도 못한 호의를 베푸는 친구들은 한 번쯤 의심해 봐야겠어."

토끼는 하품을 길게 하며 아직도 바닷가에 있는 거북이를 바라보았어요.

"쟨, 왜 아직도 안 돌아간 거야."

토끼는 중얼거렸어요.

이젠 거북이와 두 번 다시 만나고 싶지 않았어요. 거북이 말도 믿지 않을 거라 결심했어요. 토끼는 커튼을 닫아 버렸어요.

한편 거북이는 용왕님에게 어떻게 말할지 걱정되었어요. 혼날 생각을 하니 용궁에 가고 싶지 않았어요. 하지만 거북이는 용궁에서 일하는 것이 즐거웠어요. 이번 일은 잘못했지만 앞으로 잘할 자신이 있었어요.

"난 진짜 토끼 말을 믿었단 말이야."

거북이는 혼자 중얼거렸어요.

거북이는 어떻게 하면 혼나지 않을까 생각하며 바닷가에 앉아 수평선을 바라보았어요.

"왜 이러고 있어?"

지나가던 갈매기가 거북이 옆에 날아와 앉았어요.

"사실은 토끼가 도망가 버렸어."

거북이는 갈매기한테 지금까지 일어난 일을 모두 이야기했어요.

"그런 일이 있었구나. 하지만 네 잘못이 아니잖아. 용궁에 가서 사실대로 말씀 드려. 그럼 무슨 방법이 또 생기겠지."

갈매기가 거북이를 위로했어요.

"맞아, 내 잘못이 아니야. 내가 거짓말한 건 맞지만 나를 위해 그런 건 아니잖아."

거북이는 용기를 냈어요.

거북이는 갈매기에게 손을 흔들고 용궁으로 향했어요.

용왕님을 만난 거북이는 사실대로 말했지만 혼만 났어요. 거북이는 도망간 토끼가 미워졌어요. 그리고 토끼에게 속은 자신이 한심해 보였어요.

"똑똑."

며칠 뒤, 토끼 집 문을 두드리는 소리가 들렸어요.

거북이가 문 앞에 서서 꽃을 내밀었어요.

"뭐야, 네가 여기 왜 왔어?"

토끼가 소리쳤어요.

"저, 화만 내지 말고 내 말 좀 들어 줘."

거북이가 풀 죽은 목소리로 말했어요.

토끼는 마지못해 거북이를 들어오게 했어요.

"내가 미안해. 이제 화 풀고 이 꽃을 받아 줘."

거북이가 말했어요.

"내가 널 어떻게 믿어. 친구한테 그런 거짓말을 하다니."

토끼는 생각할수록 화가 났어요.

"나도 몰랐어. 진짜 친구를 데리고 오면 용궁 구경을 시켜 준다고 해서 널 데리고 갔던 거야. 내가 널 좋아하는 거 알잖아."

거북이가 진지한 목소리로 말했어요.

"그러니까 친구에게 어떻게 그럴 수 있어?"

토끼는 지난 일을 생각하자 다시 화가 났어요.

"진짜, 미안해. 그런 의미에서 진짜로 용궁 구경을 시켜 줄게."

"야!"

거북이 말에 토끼가 소리를 꽥 질렀어요.

"진짜라니까. 너 용궁 구경 제대로 못 했잖아."

거북이가 말했어요.

토끼는 거북이의 말에 마음이 살짝 흔들렸어요. 지난번엔 도망 나오느라 용궁 구경을 제대로 못 한 게 아쉬웠거든요.

토끼는 거북이를 곁눈질했어요. 고개를 쏙 집어넣고는 죄지은 사람처럼 움츠려 있는 모습이 불쌍해 보였어요. 거북이가 진짜 미안해하는 것처럼 보였어요.

"이번엔 진짜지?"

"그래, 진짜야. 용왕님도 병이 나았어."

거북이가 말했어요.

"와, 잘됐다. 알았어."

토끼는 거북이를 따라나섰어요.

"토끼야! 거북이가 널 또 괴롭히니?"

지나가던 여우가 깜짝 놀라며 달려왔어요.

"아, 아니야. 거북이가 사과했어. 나 진짜 용궁 구경 시켜 준대."

토끼가 여우를 막아서며 말했어요.

"얘를 어떻게 믿어. 용왕님 병이 위중(병세가 위험할 정도로 중하다.)해서 여러 곳에서 약을 구하고 있나 봐."

여우는 의심의 눈초리를 거두지 않았어요.

"아니야, 용왕님 다 나으셨대. 소문이 잘못되었나 봐. 그렇지, 거북아?"

토끼가 거북이를 바라보며 물었어요.

거북이는 바다를 바라보며 고개를 끄덕였어요.

"아닌데……. 조금 전에 용궁 소식을 전해 주던 갈매기가 분명 그랬는데."

여우는 고개를 갸웃했어요.

"토끼야, 안 갈 거야? 그럼 나 혼자 가고."

거북이가 뒤돌아서며 말했어요. 거북이는 마음이 조마조마했어요. 오늘은 어떻게 해서든지 토끼를 용왕님 앞에 데리고 가야 했어요. 그렇지 않으면 거북이는 용궁에서 쫓겨날지 몰라요. 그런데 여우가 나타나서 의심하니까 등에서 식은땀이 나는 것 같았어요.

"아, 아니야, 여우야. 갔다 와서 이야기해 줄게."

토끼는 깡충깡충 뛰며 거북이를 따라갔어요.

'하마터면 여우에게 들킬 뻔했네.'

거북이는 고래를 절레절레 흔들었어요. 한편 토끼처럼 순진하고 마음씨 좋은 친구를 속이는 게 기분이 좋지는 않았어요.

토끼는 거북이 등에 올라타고 용궁으로 갔어요.

용궁은 숲속 마을과는 달리 모든 게 화려했어요. 용궁 안의 기둥과 벽은 모두 금빛으로 번쩍였어요. 토끼 눈이 번쩍 뜨일 정도로 신기했어요.

토끼는 구경하느라 여기저기를 두리번거렸어요. 토끼만큼 큰 새우들이 용궁 문 앞을 지키고 있다가 토끼와 거북이를 보고 꾸벅 인사를 했어요.

거북이는 토끼를 하얀 모자를 쓴 해마에게

　맡기고 어디론가 사라졌어요. 거북이는 토끼가 용왕님에게 잡히는 모습을 보고 싶지 않았어요. 사실 하얀 모자를 쓴 해마는 용궁의 요리사였거든요.

　해마는 맛있는 음식을 계속 가져다주었어요. 지금까지 먹어 본 적이 없는 기막힌 맛의 음식들이었어요. 토끼는 음식들을 숲속 친구들에게 먹이고 싶었어요.

"나중에 좀 싸 달라고 해야지."

토끼가 중얼거리는데 지나가던 문어와 오징어가 토끼를 보고 고개를 절레절레 흔들었어요.

"불쌍한 토끼, 이제 곧 죽겠구나."

"쯧쯧, 마지막으로 실컷 먹게 해 주나 봐."

토끼는 문어와 오징어가 소곤거리는 소리를 들었어요. 토끼는

정신이 번쩍 들었어요.

'거북이 이 녀석이 또 속였구나.'

토끼는 겁이 나고 떨렸지만 침착하게 마음을 가다듬었어요. 지난번과 같은 방법은 이제 통하지 않을 것 같았어요.

'믿는 도끼에 발등 찍힌다는 속담이 있는데 내가 또 방심했네. 침착하자, 침착하자.'

토끼는 심호흡을 했어요. 마음이 조금 진정되었어요. 토끼는 해마에게 마음을 들키지 않으려고 "음, 맛있다. 맛있어." 하며 음식을 먹었어요. 해마는 그런 토끼를 애써 외면했어요. 토끼는 지금 입으로 들어가는 게 무엇인지 알지도 못했어요. 그때, 문득 좋은 꾀가 생각났어요.

"거북이 좀 불러 주시겠어요?"

해마는 곧 거북이를 불러왔어요.

거북이를 본 토끼는 속에서 불이 올라오는 것 같았지만 꾹 참고 웃었어요. 토끼가 웃자 거북이는 자신의 계획이 성공했다고 생각했어요.

"거북아, 이제 생각났는데 내가 먹는 풀 이야기를 안 했지? 그

풀은 어떤 병도 낫는 풀이야. 지난번에 너한테 화가 나서 말하지 않았는데 네가 용궁 구경도 시켜 주었으니 그 풀을 가져다줄게."

토끼가 말했어요.

"용왕님 병이 다 나았다고 했지만 그래도 그 풀을 드시면 더 좋아질 거야. 이름도 토끼풀이라고 우리 토끼들만 먹는데 바다에 사는 동물들에게는 아주 특효약이래. 어서 가서 가지고 오자."

토끼의 자신만만한 말에 거북이는 얼굴이 환해졌어요.

거북이는 용왕님한테 칭찬받을 걸 생각하자 기분이 좋았어요. 토끼 간에다 토끼풀까지 먹으면 정말 용왕님 병이 싹 나을 것 같았어요.

거북이는 신이 나서 토끼를 바닷가에 데려다주었어요. 바닷가에 도착하자마자 토끼는 거북이의 등을 발로 뻥 찼어요.

"내가 우리 후손들에게도 말해서 거북이하고는 절대 가까이 하지 말라고 할 거야. 두 번씩이나 나를 속이다니."

토끼는 씩씩대며 숲속 마을로 뛰어갔어요.

거북이는 버둥대다 겨우 지나가는 게들의 도움으로 똑바로 섰어요. 두 번씩이나 토끼에게 속은 거북이는 땅을 치며 후회했어요.

믿음이 뭘까?

누군가의 말이 무조건 맞다고 따라 주는 것 아닐까요?

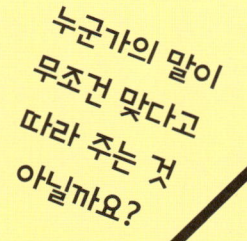

'믿는다'라는 말로 문장을 만든다면 어떤 문장을 만들 수 있을까?

'하느님을 믿는다. 부처님을 믿는다. 알라를 믿는다' 처럼 신을 믿는다고 이야기할 때 써요.

나는 내가 앉은 이 의자가 부러지지 않을 거라고 믿는다.

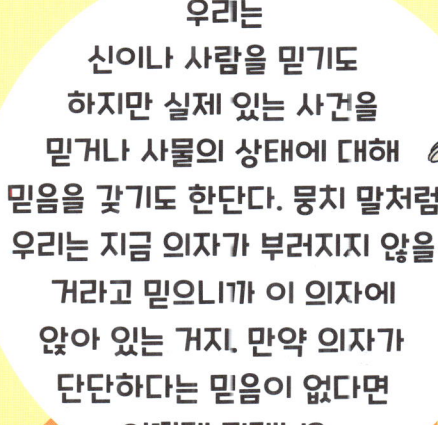
우리는 신이나 사람을 믿기도 하지만 실제 있는 사건을 믿거나 사물의 상태에 대해 믿음을 갖기도 한단다. 뭉치 말처럼 우리는 지금 의자가 부러지지 않을 거라고 믿으니까 이 의자에 앉아 있는 거지. 만약 의자가 단단하다는 믿음이 없다면 어떻게 되겠니?

엄마가 '우리 지혜를 믿는다.'라고 이야기하거나 친구가 '널 믿을게.'라고 이야기해요.

얼른 의자에서 일어나야죠! 아니면 유령 의자에 앉은 것처럼 허벅지에 힘을 꽉 줘서 넘어지지 않도록 힘을 주어야 해요.

믿는다는 것의 의미

'믿음'이란 어떤 사실이나 말이 꼭 그럴 것이라고 생각하는 것을 의미해. 믿음의 대상은 다양한데 신을 믿기도 하고, 다른 사람을 믿기도 하며, 자신을 믿기도 하고, 사실을 믿는다고 말하기도 하지.

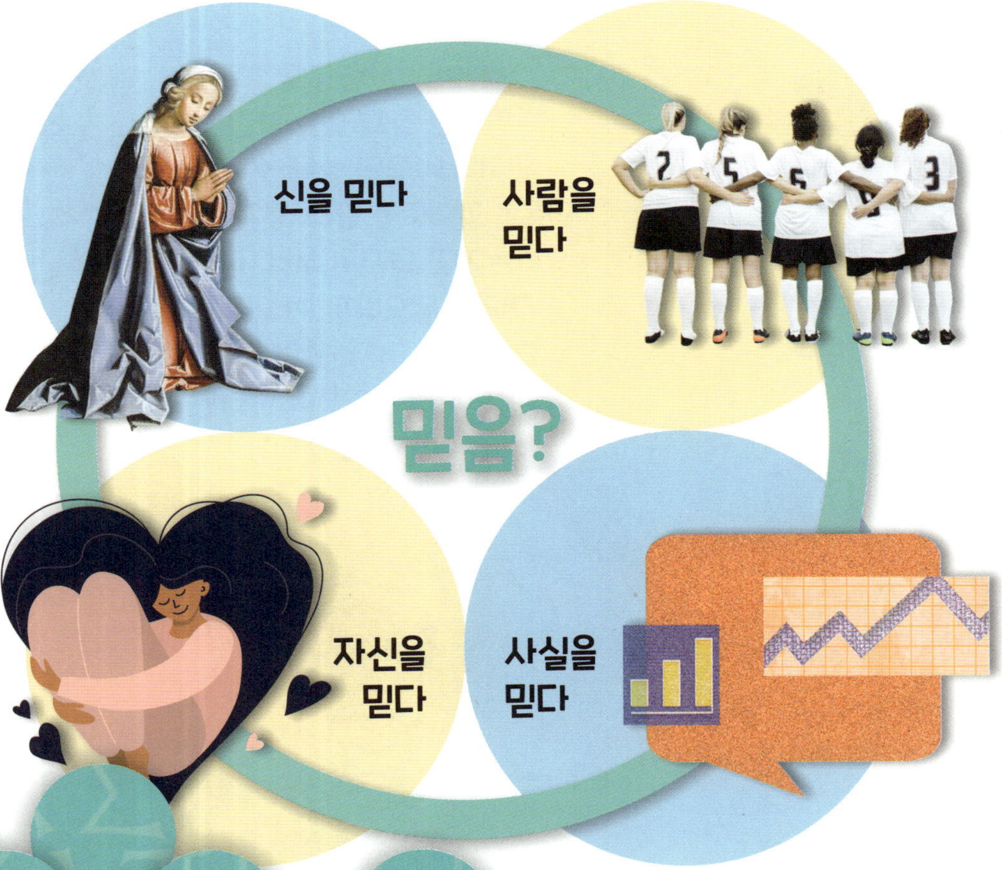

믿음?

- 신을 믿다
- 사람을 믿다
- 자신을 믿다
- 사실을 믿다

'~를 믿는다'라는 말은 '~를 안다'는 말과 관계가 있어. 어떤 사람이 '~을 안다'라고 말하기 위해서는 그것을 먼저 믿어야 해.

예를 들어 어떤 사람이 '매일 아침 태양이 뜬다는 것을 나는 안다.'라고 말하기 위해서는 오늘도 태양이 뜨고, 내일도 태양이 뜨고, 그러니까 앞으로도 '매일 태양이 뜬다는 것'을 믿어야만 해.

만약 그 사람이 내일 태양이 뜰 것을 믿지 않는다면, 그 사람은 '매일 아침 태양이 뜨지 않는다.'라고 말할 거야. 그러므로 우리가 어떤 지식을 알기 위해서는 '의심이 없는 확고한 믿음'이 필요하단다.

데카르트의 방법론적 의심

17세기의 철학자 데카르트는 단 한 가지의 확실하고 의심할 여지가 없는 진리를 발견하고자 지금까지 알려진 모든 지식을 의심하기 시작했단다. 데카르트가 말하는 의심의 방식은 우리가 기존에 가지고 있는 당연한 것들에 대해 '틀렸을 수 있다.'고 가정하는 것이었단다. 이것을 데카르트의 '방법론적 의심(회의)'이라고 하지.

예를 들어 우리는 보통 직접 보고, 듣고, 만지는 것은 확실한 것이라고 생각해. 그러나 우리가 잘못 보고, 잘못 듣는 경우도 많아. 데카르트는 우리의 감각이 우리를 속이는 경우가 있기 때문에 감각을 신뢰할 수 없다고 여겼단다. 그는 모든 것을 의심한 끝에 "나는 생각한다. 고로 존재한다."는 것만큼은 의심할 여지없는 진리라는 것을 찾아냈다. 이것은 공부할 때도 매우 유용하단다. 내가 아는 것이 진짜 아는 것인지 의심하면 정말 확실하게 알 수 있단다.

나도 억울해

"아니, 또 토끼를 놓쳤단 말이냐! 넌 당장 용궁에서 나가거라."
토끼를 놓치고 온 거북이에게 용왕님은 화를 벌컥 냈어요.
용왕님의 기다란 수염이 부르르 떨렸어요. 용왕님의 핼쑥한 얼굴이 잠깐 붉게 달아올랐지요.
"제가 잘못한 게 아니고 토끼가 자꾸 거짓말을 해서……."
거북이는 억울했어요.
"그 거짓말에 속는 네가 오히려 한심하구나. 너 같은 신하는 필요 없다."
용왕님은 인어 선녀의 부축을 받으며 자리에서 일어났어요.
용궁에서 쫓겨난 거북이는 바닷가를 헤매고 다녔어요. 파도가 칠 때마다 '바보야, 토끼에게 속다니.' 하고 놀리는 것 같았어요.

거북이는 그럴 때마다 모래를 발로 힘껏 찼어요.

"너 왜 이러고 있어?"

갈매기가 거북이 옆에 내려와 앉았어요.

"나 용궁에서 쫓겨났어."

거북이는 울상을 지었어요.

"저런, 어쩌냐. 먹을 건 있고?"

갈매기는 입안에 아직도 있는 물고기를 우물거리며 말했어요.

거북이는 고개를 저었어요. 거북이는 당장이라도 바다에 들어가 물고기를 잡고 싶지만 자존심이 상했어요. 용궁에서 일한다고 바다 친구들을 무시했거든요. 그러고 보니 용궁을 나오면 당장 지낼 곳도 없었어요.

갈매기는 속으로 거북이가 쌤통이라고 생각했어요. 용궁에서 일한다고 엄청 빼겼거든요. 갈매기는 입맛을 다시는 거북이를 못 본 척하고 날아갔어요.

거북이는 한참 동안 생각에 잠겼어요. 토끼를 속여서 용궁으로 데리고 갔던 일, 토끼를 놓치고 다시 속여서 용궁으로 갔던 일들이 떠올랐어요.

처음으로 용왕님에게 잘 보일 기회라 생각하고 열심히 일했는데, 토끼와 사이만 나빠졌어요.

"그래, 나도 어쩔 수 없이 한 일이라 토끼한테 솔직히 말하면 기분을 풀 거야."

이젠 용왕님에게 토끼 간을 가지고 가지 않아도 되니 예전처럼 토끼와 친구가 되고 싶었어요. 거북이는 엉금엉금 기어서 숲속 마을로 갔어요.

숲속 마을은 작은 집들이 옹기종기 모여 있었어요. 아기 동물들은 숲속 빈터에서 술래잡기를 하고 있었어요. 그러다 거북이를 보더니 하던 놀이를 멈추고 모두 집으로 달려갔어요.

거북이는 조심조심 숲길을 걸어갔어요. 동물들이 창문 안에서 자신을 훔쳐보는 것이 느껴졌어요. 거북이는 처음으로 자신의 걸음이 느린 것이 속상했어요.

거북이는 토끼 집 앞으로 갔어요. 집 앞에서 토끼가 친구들과 함께 즐겁게 놀고 있었어요.

"저, 토끼야."

거북이는 조그만 소리로 토끼를 불렀어요.

"엉? 뭐야, 네가 왜 여기에 있어."

토끼는 깜짝 놀라며 친구들 뒤에 숨었어요.

거북이는 토끼를 보자 막상 무슨 말을 해야 할지 전혀 알 수 없었어요. 토끼 친구들은 거북이에게서 토끼를 보호하는 것처럼 토끼 앞을 막아섰어요.

"네가 왜 왔어? 또 토끼를 괴롭히려고?"

털이 온통 까만 토끼가 말했어요.

"아니야, 그냥 난 토끼를 만나려고."

거북이의 목소리는 기어 들어갔어요.

"뭐야, 무슨 염치로 여길 온 거야. 어서 가!"

토끼가 소리를 지르며 거북이 앞에 섰어요. 주위에 친구들이 있으니 안심되었어요. 다시는 거북이가 무슨 말을 해도 속지 않을 자신도 있었어요.

"그게, 사실은 나도 어쩔 수 없이 너를 데리고 갔던 거야. 그러니 내가 하고 싶어 한 일이 아니라고."

거북이가 말했어요.

"뭐? 그걸 말이라고 하니? 네 잘못이 뭔지 모르겠어?"

토끼는 어이가 없었어요.

"나를 위해 네 간이 필요했던 게 아니잖아. 그리고 지금 넌 덜쩡하잖아."

거북이가 억울한 듯 말했어요.

거북이는 토끼를 살린 건 결국 자신이라는 생각도 들었어요. 토끼의 말을 믿고 용궁에서 데리고 나온 것도 자신이었으니까요.

"야! 간 이야기 하지도 마. 생각만 해도 떨리니까."

토끼가 버럭 고함을 질렀어요. 거북이는 아무래도 토끼와 자신의 생각은 많이 다른 것 같아 그만 입을 다물었어요. 지금은 그냥 토끼와 다시 예전처럼 친구가 되고 싶었어요.

거북이는 어쩔 줄 모르고 서 있었어요.

"누가 시켜서 한 거라고 해도 나를 속여서 용궁에 데리고 간 건 너야. 네가 나를 용궁에 데리고 가서 간을 뺏으려 했다고."

토끼는 그때 일을 생각하면 화가 나서 참을 수가 없었어요.

"아무튼, 그래서 너한테 매우 미안해. 우리 다시 친구가 되자."

거북이는 가까이 다가갔어요.

"아니, 네가 나에게 한 짓은 절대 잊지 않을 거야. 다시는 네가 하는 어떤 말도 믿지 않을 거야."

토끼는 홱 몸을 돌려 집으로 들어갔어요. 토끼 친구들도 거북이를 노려보며 따라 들어갔어요.

거북이는 닫힌 문을 바라보며 고개를 푹 숙였어요.

"내가 너 이상하다고 할 때도 토끼는 널 믿고 따라갔다고. 그러니까 넌 절대 용서받지 못할 거야."

여우가 지나가며 비아냥거렸어요.

"넌 좀 빠져. 네가 그때 토끼를 붙잡았으면 지금 내가 토끼하고 잘 지낼 수도 있잖아."

거북이는 퉁명스럽게 말했어요.

"뭐? 야! 넌 아직 네 잘못이 무엇인지 모르니? 너를 믿은 친구를 속이고 네 이익만 생각했잖아."

여우는 거북이의 태도를 이해할 수 없었어요.

"내가 이익을 챙긴 건 없다고. 난 그냥 용궁에서 시키는 일을 했

을 뿐이야!"

거북이도 지지 않고 소리쳤어요.

"너는 반성 좀 해. 나쁜 짓을 해 놓고도 큰소리치다니. 완전 비호감이다."

여우는 머리를 절레절레 흔들며 갔어요.

거북이는 집 안에서 친구들과 놀고 있는 토끼를 창문 밖에서 물

끄러미 바라보았어요.

"내가 그렇게 잘못했어? 나를 위해 토끼를 속인 거라고?"

여우가 한 말이 자꾸 생각났어요.

거북이는 토끼가 자신을 좀 이해해 주길 바랐어요. 거북이는 토끼에게 오히려 섭섭한 마음이 들었어요.

거북이는 자신을 친구로 받아 주는 동물이 없는지 숲속에서 이

리저리 기웃거렸어요. 하지만 아무도 거북이와 놀려고 하지 않았어요.

"쟤, 거북이 아냐? 토끼를 거짓말로 꾀어서 토끼 간을 뺏으려고 했다며?"

다람쥐들이 소곤거리며 지나갔어요.

날이 점점 어두워졌어요.

거북이는 잠잘 곳을 찾아야 했어요. 하지만 아무도 거북이를 재워 주려고 하지 않았어요.

거북이는 옆 동네로 갔어요. 그곳에는 고양이 마을이 있었어요. 지나가는 고양이들이 거북이를 흘끔거렸어요. 이곳까지 토끼 이야기가 퍼진 것 같았어요.

거북이는 엉금엉금 기어서 소나무 밑에 있는 큰 바위 아래로 들어갔어요. 아늑하긴 했지만 밤바람을 막기엔 부족했어요. 거북이는 서글픈 생각이 들어 저절로 눈물이 나왔어요. 훌쩍거리며 울고 있는데 누군가 가까이 다가왔어요.

"거북이 아니니?"

삼색 고양이였어요.

삼색 고양이는 몸통은 흰색이지만 등에 검은색 털과 노란색 털

이 줄무늬처럼 퍼져 있어 고양이들 중에서도 눈에 띄었어요. 거북이가 삼색 고양이와 친구가 된 것은 아주 오래전이었어요. 거북이는 이런 모습을 보이는 게 창피했어요.

"왜 여기서 이러고 있어? 용궁에서 심부름 나왔어?"
"아니. 그냥 잠 잘 곳이 없어서."
거북이는 사실대로 말했어요.
"거북아, 너 토끼를 꾀어서 간을 빼앗으려고 했다며? 왜 그랬어.'

삼색 고양이는 거북이를 자신의 집으로 데리고 갔어요.

"용왕님 명령인데 무슨 말을 해서라도 데리고 갔어야 했다고."

거북이가 툭 내뱉었어요.

"그렇지만 토끼한테 거짓말한 건 맞잖아."

삼색 고양이가 말했어요.

"하지만 명령이라 할 수 없이 했다고."

"그것도 두 번씩이나?"

"토끼가 도망갔으니까 그렇지."

"토끼가 만약 도망 안 갔으면 토끼는 지금쯤 이 세상에 없겠지?

그런데도 네 책임이 없다고 할 수 있니?"

삼색 고양이가 말했어요.

"어?"

거북이는 정신이 번쩍 났어요.

"토끼가 이 세상에 없다고? 나 때문에? 내가 왜 그 생각을 못 했지? 내가 토끼한테 몹쓸 짓을 한 게 맞네. 어쩌면 좋아."

거북이는 고개를 숙이고 괴로워했어요.

거북이는 토끼 편에서 한 번도 생각해 보지 않았어요. 자신의 입장만 생각한 걸 깨달았어요.

"용왕님이 토끼의 간을 원한다 해도 네가 약으로 고칠 수 있다고 설득했어야지."

삼색 고양이가 말했어요.

"약이 소용없었어. 그래서 토끼 간까지 구하게 된 거야. 난 그냥 용왕님에게 간을 주고도 토끼가 아무렇지도 않을 줄 알았어. 죽는다는 건 생각 못 했어."

거북이는 머리를 쑥 집어넣었어요.

"네가 정말 토끼에게 미안

하다면 진심으로 용서를 구해."

"토끼는 내가 무슨 말을 해도 믿지 않을 거야. 어떡하면 나를 예전처럼 믿어 줄까?"

거북이는 여전히 얼굴을 내놓지 않고 말했어요.

"잘못을 진심으로 뉘우치고 용서를 빈다면 사과를 받아 주겠지. 이 일이 있기 전에 너랑 토끼랑 잘 지냈잖아."

삼색 고양이의 말에 거북이는 더 부끄러워졌어요.

"내가 도대체 왜 그랬을까?"

거북이는 안절부절못했어요.

"용왕님의 병이 낫기를 바라는 마음이 커서 토끼에게 해가 된다는 생각을 못 한 거겠지."

삼색 고양이가 거북이를 위로했어요.

"토끼가 다시는 날 믿지 않는다고 했어. 너도 그래?"

거북이는 조심스럽게 물었어요.

"아니, 난 네 말을 믿어. 넌 누구보다도 좋은 친구니까."

삼색 고양이는 누구보다도 따뜻하고 정이 많은 거북이가 어쩌다 이런 처지가 되었는지 속상했어요.

거북이는 삼색 고양이의 응원에 용기를 얻고 토끼에게 사과하기로 했어요.

거북이는 아침 일찍 토끼를 찾아갔어요. 토끼 집은 갈참나무 밑에 있었어요. 작고 아담한 집은 토끼의 갈색 털 같은 흙으로 잘 지어져 있었지요. 창문 아래쪽 흙이 허물어져 있었지만 반듯했어요.

거북이는 조심스럽게 문을 두드렸어요.

"누구세요?"

"나야, 거북이. 토끼야, 용서해 줘. 내가 진짜 잘못했어."

거북이는 문 앞에 서서 소리쳤어요.

"어떻게 믿어?"

"또 거짓말일 거야."

"뭐야, 토끼한테 대체 왜 저러는 거야."

지나가던 동물들이 거북이를 보고 한마디씩 했어요.

토끼 집 문은 열리지 않았어요. 거북이는 토끼가 자신을 용서해 줄 때까지 기다리기로 했어요.

거북이는 토끼가 좋아하는 음식들을 사서 집 앞에 걸어 두었어요. 하지만 토끼는 거들떠보지도 않았어요. 거북이는 밤에 몰래 가서 토끼 집 주변도 깨끗하게 청소했어요.

"저런다고 토끼가 거북이를 받아 줄까?"

다람쥐가 말했어요.

"토끼는 절대로 거북이를 받아 주지 않는다에 한 표."

아기 사슴이 말했어요.

"근데 거북이 좀 안됐다."

흰토끼가 말했어요.

"거북이가 잘못한 거니까 노력이라도 해야지."

다람쥐가 톡 쏘았어요.

거북이는 속으로 친구들의 말이 다 맞다고 생각하니 마음이 더 움츠러들었어요.

거북이는 토끼 집 작은 창문을 쳐다보며 한숨을 푹 쉬었어요.

인문철학 왕 되기

거짓말은 왜 하는 걸까?

거짓말이 나쁘다는 것은 알지만 나도 모르게 나오는 거짓말도 있는 것 같아요.

 너희들은 거짓말을 한 적이 있니?

 저는 절대 거짓말을 안 해요!

 아냐. 너도 이미 했을 거야. 미국의 한 대학에서 '사람은 거짓말을 얼마나 할까?'를 연구했는데, 대부분의 사람들이 10분에 한 번 정도씩 거짓말을 한다고 했어.

 세상 사람들이 전부 거짓말쟁이네!

 소크라테스 선생님, 사람들은 거짓말을 왜 하는 걸까요?

 우리 스스로 어떤 상황에서 거짓말을 하는지를 생각해 보면, 사람들이 거짓말을 왜 하는지에 대한 이유를 찾아볼 수 있을 것 같구나.

소쌤의 인문 특강
우리는 거짓말을 얼마나 많이 할까?

우리는 자신이 저지른 실수나 잘못을 감추고 싶을 때 거짓말을 하거나 다른 사람이 속상하지 않도록 거짓말을 하는 것 같구나. 우리는 거짓말을 얼마나 많이 할까?

사람은 평균적으로 3세 정도에 첫 거짓말을 한다고 해. 제대로 말을 할 수 있는 무렵부터 거짓말을 하게 된다는 거지. 말이 늘어 가는 **3~5세 어린 아이들의 경우 상상을 실제처럼 이야기하는 과정에서 거짓말을 하는 경우가 많다는구나.** 거짓말과 상상을 구분하지 못하고, 자신의 생각을 이야기하는 과정에서 자연스럽게 사실과 다른 이야기가 섞이는 것이지.

6세 이상의 나이가 되면 거짓말의 개념도 확실히 알고, 거짓말을 하는 의도나 목적도 좀 더 분명해진단다. 자신의 잘못을 감춘다거나 다른 사람에게 인정받기 위해서 거짓말을 하고, 상대의 감정을 생각해서 거짓말을 하는 경우도 있지. 그러나 상대를 위하는 거짓말조차 상대를 속이는 일이기 때문에 우리는 거짓말이 잘못된 것이라고 배운단다.

사람들은 누군가의 거짓말에 속기도 하고, 누군가에게 거짓말을 하기도 해. 자신의 이득을 위해 거짓말을 하기도 하고 상대방의 기분을 고려해서 거짓말을 하기도 하지. 일명 '하얀 거짓말'이라고 하는 착한 거짓말은 대인 관계에 필요하기도 하단다.

> 문제가 되는 것은 악의적인 거짓말이야.
> 나쁜 거짓말은 분명 서로에게
> 해를 입히니까 말이야.

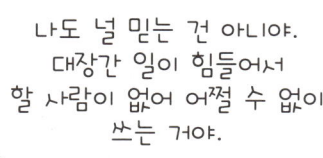

바다가 무서워

토끼는 오늘도 거북이가 집 앞에서 서성대는 것을 창문으로 보고 있었어요.

"날 속여 먹을 때는 언제고 지금 와서 왜 저러는 거야."

토끼는 거북이가 무슨 꿍꿍이속이 있는지 도무지 믿을 수가 없었어요. 진심으로 사과를 하는지도 알 수 없었어요. 자신에게 해가 될 줄 몰랐다는 말도 믿기지 않았어요.

"예전에 달리기를 할 때도 하도 느리게 와서 기다려 주었더니 잠이 든 나를 깨우지도 않고 목적지에 먼저 도착했잖아. 거북이는 정말 자기만 생각하는 것 같아."

토끼는 거북이의 본 모습을 모르고 믿었던 것이 후회되었어요. 그런데 두 번이나 속은 자신도 한심스러웠어요.

"나는 뭐 거북이를 믿었으니까 그렇지. 믿는 게 잘못된 건 아니잖아. 속인 쪽이 잘못한 거지."

토끼는 고개를 끄덕였어요.

"다르릉다르릉."

전화벨 소리가 울렸어요. 거북이였어요.

거북이는 토끼가 만나 주지 않자 전화를 했어요.

"토끼야, 나야."

거북이가 말했어요.

"누가 전화하랬어. 전화하지 마."

토끼는 수화기를 소리 나게 내려놓았어요.

거북이는 말도 해 보지 못하고 끊긴 전화기를 멀뚱멀뚱 바라보았어요.

거북이는 어깨를 축 늘어뜨리고 삼색 고양이 집으로 왔어요.

"내 전화도 받지 않아."

거북이는 어깨를 축 내려뜨렸어요.

"힘내, 한 번 신뢰가 깨지면 다시 회복하기가 쉽지 않아. 그래도 넌 노력하고 있잖아."

삼색 고양이가 용기를 주었어요.

거북이는 자신을 믿어 주는 삼색 고양이가 고마웠어요.

"토끼도 너처럼 나를 믿어 주면 좋을 텐데."

거북이가 말했어요.

"그런 소리 하지 마. 나도 만약 토끼처럼 당했다면 너를 다르게 봤겠지. 네가 예전에 나를 도와주고 먹을 걸 줬더라도 말이야."

삼색 고양이가 말했어요.

예전에 삼색 고양이가 친구들에게 따돌림을 당할 때 거북이가 먹을 걸 챙겨 주고 친구가 되어 주었거든요.

거북이가 용궁에 취직했을 때 삼색 고양이는 누구보다 기뻐했어요. 용궁에 취직하기 위해 거북이가 얼마나 애를 썼는지 알고 있었거든요. 시험공부를 하던 중인데도 삼색 고양이를 위해 시간을 내어 주고 밥도 같이 먹었던 거북이였어요.

삼색 고양이는 거북이가 정이 많고 따뜻한 친구라는 걸 누구보다 잘 알고 있었어요. 그런데 토끼와 이런 일이 생겼다고 해서 얼마나 마음이 아픈지 몰라요.

삼색 고양이는 토끼를 찾아갔어요.

"토끼야, 거북이가 많이 후회하고 있어. 너한테 해가 될 줄 진짜 몰랐대."

삼색 고양이가 말했어요.

"말도 안 돼. 어떻게 그걸 모를 수가 있어? 그래서 두 번씩이나 날 속였어?"

토끼는 삼색 고양이에게도 화를 냈어요.

"네가 화를 낼 만도 해. 이해해. 하지만 거북이는 너에게 해가 될지 정말 몰랐대."

삼색 고양이는 토끼가 거북이를 용서해 주길 바랐어요.

"네가 상관할 바 아니야. 난 절대절대 용서하지 않을 거야. 그러니 용궁으로 돌아가라고 해!"

"사실, 거북이 용궁에서 쫓겨났어. 널 잡아오지 못했다고."

"그래? 뭐 그래서?"

토끼는 거북이가 용궁에서 쫓겨났다는 말에 조금 당황했어요.

"그렇다고 네 탓을 하는 건 아니고. 그냥 네가 거북이의 진심을 알아줬으면 해서. 정말 뉘우치고 있거든."

"어떻게 믿어. 난 믿을 수 없어. 나도 한 번 거짓말을 했을 땐 용서했어. 하지만 그런 나를 또 속였어. 거북이 일로 다시는 날 찾아오지 마."

토끼는 문을 쾅 닫고 들어갔어요.

삼색 고양이는 닫힌 문을 보며 한숨을 쉬었어요. 토끼의 마음이 풀어지지 않을 것 같아 걱정되었어요.

삼색 고양이가 토끼를 찾아간 것을 모르는 거북이는 다음 날 다시 토끼에게 가기 위해 집을 나섰어요.

"저기, 거북아. 토끼가 좀 생각할 여유를 주는 게 어때?"

삼색 고양이가 거북이를 붙잡았어요.

"아니야, 날마다 가야 돼. 그래야 마음이 조금 풀릴 거 아냐."

거북이는 삼색 고양이에게 웃으며 말했어요.

거북이는 토끼 집 앞에서 하루 종일 있었어요. 토끼는 친구 집에 가려고 밖으로 나왔다가 거북이를 보고도 못 본 척했어요.

거북이는 한참을 켜 토끼 집 앞에 있다가 상수리나무 밑 작은 연못으로 갔어요. 작은 연못은 숲속 동물들이 쉬는 곳이었어요. 가족과 같이 와서 도시락도 먹고 운동도 했어요. 거북이와 토끼에게도 추억의 장소였어요.

둘은 상수리나무에서 언덕까지 달리기 시합도 했어요. 토끼가 이길 때도 있었고 거북이가 이길 때도 있었어요. 누가 이기든 웃고 떠들며 즐겁게 놀았지요.

거북이는 그때로 돌아가고 싶은 마음이 간절했어요.

두더지 형제가 공놀이를 하다가 거북이를 보았어요.

"뭐야, 아직도 여기 있어? 토끼에게 사과는 했어? 아니, 사과를 해도 안 받아 줄 것 같은데."

"맞아, 사과한다고 악몽 같은 일이 없어지겠어? 용궁에 다녀온 뒤 토끼가 얼마나 힘들어했는데."

두더지 형제들은 잠시 공놀이를 멈추고 거북이를 혼냈어요. 거북이는 아무 말도 못 하고 연못으로 들어가 몸을 숨겼어요.

다음 날, 숲속 마을에 커다란 안내판이 붙었어요.

제 5회
솔섬에 있는
깃발 뽑아 오기 대회

언　　제 　모레, 상수리나무 그림자가 연못을 덮을 때

누　　가 　원하는 동물 모두

참가 방식 　개인 또는 팀(인원 제한 없음)

상　　품 　1등- 집수리용 진흙 열 바구니

　　　　　　 2등- 상수리 열매 세 바구니

　　　　　　 3등- 신선한 낙엽 한 포대

　　　　　　 참가자 전원에게 아침 이슬 한 병

이게 다
쿵-
거북이
때문이야

토끼는 안내판을 보자마자 가슴이 두근거렸어요. 허물어진 한쪽 벽을 고치는 데 필요한 진흙이 1등 상품이기 때문이에요. 하지만 곧 시무룩해졌어요.

"나는 못 해. 바다 가운데 있는 솔섬에 어떻게 가."

토끼는 고개를 저었어요.

토끼는 용궁에 두 번이나 다녀온 후 바다가 무서워졌어요. 예전엔 친구들과 함께 솔섬으로 헤엄쳐 가서 놀다가 오곤 했어요. 그때는 거북이도 함께였어요. 토끼는 거북이가 생각나자마자 고개를 세차게 흔들었어요.

"내가 헤엄을 못 치게 된 것도 모두 거북이 때문이야."

토끼는 거북이 생각만 해도 화가 났어요.

"토끼야, 너도 참여할 거지?"

다람쥐가 물었어요.

"아냐, 난 안 해. 너나 잘해서 겨울 먹이 장만해야지."

토끼는 대회를 준비하는 친구들을 바라보며 부러워했어요.

토끼는 연못으로 갔어요. 오늘은 연못 주위나 청소할까 생각했어요.

"어, 누가 청소했지? 깨끗하네."

토끼는 깨끗해진 연못 주위를 둘러보고 깜짝 놀랐어요.

"부지런한 여우가 청소했나."

토끼는 연못 옆에 있는 의자에 앉았어요.

"토끼야, 너도 대회에 나갈 거지?"

두더지가 고개를 쏙 내밀었어요.

"아니, 난 이제 물이 무서워서 수영도 못해."

"너 수영 잘하잖아. 그런데 갑자기 무서워졌어?"

두더지가 말했어요.

"수영하다 잘못해서 또 용궁으로 들어가면 어떡해. 난 못해."

토끼는 몸을 부르르 떨었어요.

"안됐다. 우리는 가족이 같이 배를 만들어 나갈 거야."

두더지는 다시 땅속으로 쏙 들어갔어요.

바위 뒤에서 토끼와 두더지 이야기를 들은 거북이는 생각에 빠졌어요.

'토끼를 대회에 참가하게 하려면 어떻게 해야 할까.'

거북이의 고민이 시작되었어요.

'토끼가 허락한다면 내 등에 업고 갔다 올 텐데. 난 물속에선 빠르다고.'

거북이는 어깨를 축 늘어뜨리고 집으로 가는 토끼를 보자 마음이 아팠어요. 토끼가 물을 무서워하게 된 게 모두 자신의 탓인 것

같았어요.

　토끼는 진흙이 너구너무 필요했어요. 질 좋은 진흙을 구하기가 쉽지도 않고 비용도 많이 들었어요. 그런데 깃발 뽑아 오기 대회 상품으로 진흙이 나온 거예요.

　토끼는 밤중에 혼자 바다로 갔어요. 어떡하든 대회에 참여하기만 하면 일등 할 자신도 있었어요.

　토끼는 바닷물에 발을 담갔어요. 온몸이 떨려 왔어요. 숨이 막혔어요. 바다가 공포로 다가왔어요.

　토끼는 얼른 발을 뺐어요.

　"아냐, 할 수 있어."

　토끼는 다시 바다에 들어갔어요. 하지만 곧 숨이 막혀 모래밭으로 나왔어요.

　"안 되겠어. 하. 집을 수리하려면 아르바이트라도 해야겠네."

　토끼는 고개를 푹 숙이고 모래만 움켜쥐었다 폈다 했어요. 토끼의 행동을 숨어서 지켜보던 거북이는 뭐가 생각난 듯 급히 바닷속으로 들어갔어요.

철썩- 철썩-

거짓말은 모두 나쁠까?

거북이와 토끼 모두 거짓말을 했는데, 두 동물 모두 나쁜 것 아닐까요?

거북이도 용왕님의 명령에 따랐을 뿐이니까 거짓말을 하고 싶어서 한 게 아니고, 토끼도 살리려고 거짓말을 한 거니까 어쩔 수 없었던 상황이라고 봐야 하지 않을까?

토끼의 거짓말과 거북이의 거짓말은 달라요. 거북이는 토끼를 속여서 간을 빼내려고 했으니까 정말 못된 거짓말을 한 거예요. 어떻게 간을 빼면 토끼가 죽는다는 걸 모를 수 있어요?

거북이는 몰랐다고 하는데, 정말 몰랐다고 해도 스스로의 말과 행동이 어떤 결과를 낳을지 생각하지 않은 죄가 커요.

그래서 거짓말을 평가할 때, 상황과 의도와 결과를 구분해서 평가해야 한다고 주장한 철학자들도 있단다. 만약 좋은 의도로 한 거짓말이라면, 그 거짓말은 '착한 거짓말'이라는 거지.

소쌤의 철학특강

거짓말에 대한 철학자의 입장

"거짓말은 무조건 옳지 않다"

- 칸트(Kant)

"거짓말은 절대 안 돼!"

독일의 철학자 칸트는 "거짓말은 무조건 옳지 않다."고 말했단다. 모든 거짓말은 의도나 결과가 선하더라도 거짓말이라는 것이 다른 사람을 속이는 일이기 때문에 다른 사람의 존엄성을 떨어뜨리는 일이라는 입장이었지.

칸트는 거짓말을 하지 않아서 불이익이 생기더라도 언제나 진실되게 말하는 것이 인간에게 주어진 신성한 의무라고 주장했단다.

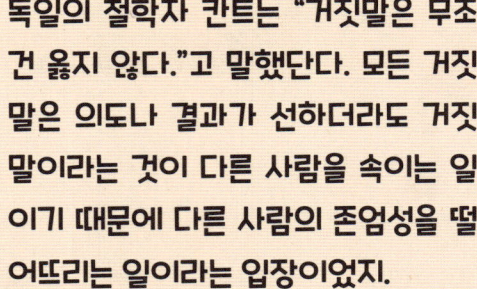

"착한 거짓말도 있다"
— 콩스탕(Constant)

> 거짓말이 항상 나쁘진 않아.

프랑스 철학자 콩스탕은 항상 진실을 말하라는 것이 절대적인 의무가 된다면, 사회가 정상적으로 돌아가지 않을 것이라고 생각했단다. 예를 들어 우리 집에 내 친구가 숨어 있고, 살인자가 문 앞에 와서 내 친구를 찾는다고 가정해 보자. 살인자에게 거짓말을 하는 것은 친구를 살리기 위해 하는 거짓말이기 때문에 착한 거짓말이 될 수 있다는 것이 콩스탕의 생각이었어.

콩스탕은 모든 거짓말이 잘못된 것이라는 칸트의 입장에 반대하며, 거짓말을 평가할 때는 동기와 결과를 함께 생각해 봐야 한다는 주장을 했단다.

다시 친구가 되어

드디어 대회 날이 되었어요.

삼색 고양이는 거북이를 찾았어요. 그런데 어제저녁부터 거북이가 보이지 않았어요.

삼색 고양이는 거북이가 바닷가 마을로 돌아갔다고 생각했어요.

'그래, 너도 할 만큼 했어. 토끼가 용서하지 않으면 할 수 없는 거지, 뭐.'

삼색 고양이는 거북이를 이해했어요.

동물들은 각자 준비해 온 도구들을 가지고 대회에 참가했어요.

두더지 가족은 플라스틱병을 여러 개 묶어 끌고 왔어요. 여우는 물이 털에 닿을까 봐 비닐로 온몸을 감싸고 나뭇가지를 들고 왔어요. 흰토끼는 바톤 터치를 하면서 릴레이로 헤엄을 치기로 했어요. 흰토끼 응원을 온 토끼는 자신도 그 속에 끼고 싶었어요.

"잠깐만요."

바다에서 다급한 소리가 들렸어요. 돌고래였어요.

"토끼를 태우고 대회에 참가할 돌고래입니다. 늦지 않았지요?"

토끼는 깜짝 놀랐어요. 자신은 돌고래에게 부탁한 적이 없었으니까요.

"그럼 토끼도 나와서 대회에 참가해야죠."

심사 위원인 멧돼지 할머니가 토끼를 불렀어요. 토끼는 엉겁결에 앞으로 나아갔어요.

"저는 돌고래님을 부른 적 없는데요. 그리고 전 무서워서 섬에 갈 수 없어요."

토끼는 눈을 끔벅였어요.

"괜찮아, 나만 믿어. 네 발에 물 한 방울 안 묻게 할 수 있어. 넌 그냥 내 등에 타고 눈을 질끈 감기만 하면 돼."

돌고래 아저씨가 꼬리를 흔들며 토끼를 재촉했어요. 토끼는 머뭇거렸어요. 그동안 참가자들과 심사 위원들이 말없이 기다려 주었어요. 토끼가 물을 무서워하지 않던 옛날로 돌아가기를 모두가 바랐으니까요.

드디어 토끼가 가만히 돌고래의 지느러미를 붙잡았어요.

토끼가 등에 잘 올라탈 수 있게 돌고래는 최대한 몸을 낮추었어요. 친구들이 모두 밑에서 토끼의 몸을 밀어 올려 주었어요. 토끼

의 갈색 털에 물이 묻었지만 그 정도는 참을 만했어요.

　토끼는 눈을 질끈 감았어요.

　멧돼지 할머니가 '뿌우 뿌우 뿌우' 뿔소라 고동을 불었어요.

　"와아!"

　모여 있던 동물들이 한꺼번에 함성을 질렀어요.

　두더지도 여우도 흰토끼도 다람쥐도 므두 힘차게 출발했어요. 물론 토끼를 태운 돌고래도 꼬리로 물을 힘차게 내리치며 출발했어요.

"토끼 힘내라, 토끼 힘내라."
동물들은 모두 토끼를 응원했어요.
"거북이도 이 모습을 보면 좋아할 텐데."
삼색 고양이가 중얼거렸어요.
 돌고래 등에 매달린 토끼는 겁이 나서 으돌오돌 떨었어요. 토끼는 눈을 살그머니 떴어요. 돌고래 앞에는 아무도 없었어요. 돌고래 뒤로 여우가 쫓아왔어요.

비닐로 온몸을 감은 여우는 찢어진 비닐 사이로 물이 들어와 털이 다 젖었어요. 그래도 열심히 헤엄을 치고 있었어요. 그다음 차례가 두더지 가족이었어요. 두더지 가족은 플라스틱병으로 만든 배에 올라타 열심히 노를 저었어요. 여우 뒤를 바짝 쫓고 있었어요. 흰토끼 형제들은 나뭇가지를 붙잡고 열심히 헤엄을 치고 있었지요. 릴레이를 하기로 했는데 모두가 나뭇가지를 붙들고 같이 헤엄을 치고 있어 속력이 붙지 않았어요.

"뭐야, 나 혼자만 편하게 가고 있잖아."

토끼는 문득 부끄러워졌어요.

솔섬으로 가는 방법은 정해져 있지 않다고 해도 돌고래 등에 업

혀 가는 건 너무 쉬웠어요.

"토끼 이겨라, 토끼 이겨라."

모든 동물들이 토끼를 응원했어요. 토끼는 동물들의 마음을 알 것 같았어요. 동물들은 토끼가 돌고래 등에 업혀서라도 바다를 건너가길 원한 거예요.

토끼를 태운 돌고래는 단숨에 섬에 닿았어요. 섬에 내린 토끼는 깃발이 있는 곳까지 뛰어갔어요. 토끼는 깃발을 제일 먼저 뽑아 들고 돌고래 등에 올라탔어요. 이번에는 망설이지 않고 재빨리 등에 올라탔어요.

깃발 뽑아 오기 대회에서 토끼가 일등을 했어요.

토끼는 상으로 받은 진흙 바구니를 들고 기뻐했어요. 다른 동물들이 모두 아낌없이 박수를 쳤어요.

"오늘 제가 일등을 한 것은 모두 여러분의 응원 덕분입니다. 저도 바다를 무서워하지 않도록 노력하겠습니다. 감사합니다."

토끼는 상을 받으면서 인사를 했어요.

거북이는 숨어서 토끼가 기뻐하는 모습을 가만히 바라보았어요.

"토끼가 기쁘면 됐어."

거북이의 입가에 작은 미소가 떠올랐어요.

토끼는 돌고래에게 다가갔어요.

"고마워요, 돌고래 아저씨. 그런데 왜 저를 태우러 오셨어요?"

"저 그게……."

돌고래가 머뭇거렸어요.

"절 어떻게 알고 오신 건지 궁금해요."

토끼는 한 번도 본 적이 없는 돌고래가 갑자기 나타난 것이 아무래도 이상했어요.

"사실은 어제 거북이가 찾아와서 몇 시간 동안 안 가고 부탁했단다. 사실 내가 이런 작은 대회는 참가하지 않거든. 거북이의 성의를 봐서 온 거야. 내가 도와준 이상 일등은 당연한 거지. 아무튼 나도 즐거웠다."

돌고래는 토끼에게 인사를 하고 유유히 헤엄을 쳐 멀리 사라졌어요.

거북이가 한 달 동안 돌고래 집 청소를 해 주기로 했다는 말은 하지 않았어요.

토끼는 멍해졌어요.

'거북이가 부탁했다고? 내가 용서하지 않겠다고 분명히 말했는데.'

"야, 이리 나와! 이 근처에 있는 줄 다 알아."

토끼가 주위를 돌아보며 고함을 질렀어요.

그러자 거북이가 풀숲에서 조용히 나타났어요.

"누가 너더러 돌고래 아저씨한테 부탁하래. 내가 언제 대회 나간다 했어?"

"미안해, 나 때문에 바다를 무서워해서 내가 조금이라도 도움이 되고 싶었어. 이제 네 앞에 안 나타날게."

거북이는 고개를 푹 숙였어요.

"너, 나 때문에 용궁에서 잘렸다며. 이제 어떡할 거야."

"응? 그냥 우리 동네에서 아기 거북이들하고 놀아 주면서 지내야지, 뭐."

거북이가 조그만 소리로 대답했어요.

"연못가 청소도 네가 했어? 우리 집 앞길도 네가 치웠어?"

거북이는 말없이 고개를 끄덕였어요.

토끼는 어떻게 해야 좋을지 몰랐어요.

거북이가 이처럼 노력했는데도 모른 척하는 건 아닌 것 같았어요. 그때 사슴 할아버지가 나타났어요.

"토끼야, 거북이의 행동이 마음에 들지 않니?"

사슴 할아버지가 물었어요.

"너무 속이 보이잖아요. 저렇게 하면 내가 마음이 풀어질 줄 알고 저러는 거예요."

토끼가 말했어요.

"그래, 거북이는 지금 너에게 용서 받는 거 말고는 중요한 게 없어. 너도 그걸 알고 있고. 그런데 왜 거북이를 용서할 수 없는 거니?"

"또 나를 속이는 거면 어떡해요. 믿을 수가 없어요."

토끼가 솔직히 말했어요.

"음, 또 속일 수도 있지. 그런데 한번 믿어 보는 것도 나쁘지 않을 텐데?"

사슴 할아버지의 말에 토끼는 깜짝 놀랐어요.

"만약 거북이의 말과 행동이 진짜라면 믿어 주지 않은 네가 나중에 후회할 수도 있을 것 같은데."

"무슨 말이에요. 내가 왜 후회를 해요? 믿지 못하게 한 거북이가 후회를 해야지."

토끼는 사슴 할아버지의 말을 이해할 수 없었어요.

"토끼야, 믿기 전에 따져 보는 것도 중요하지만 무조건 믿는 때도 있단다. 자신이 믿을 수 있는 존재가 된다는 건 굉장한 경험이지. 누군가 믿어 주면 그 믿음에 맞는 존재가 된단다. 거북이에게 믿을 수 있는 존재가 되는 경험을 하게 해 주는 건 어떠니?"

토끼는 사슴 할아버지의 말을 깊이 생각해 보았어요.

거북이는 좋은 점이 많은 친구였어요. 용궁 일 말고 거북이가 토끼에게 잘못한 것은 없었어요. 거북이가 최선을 다해 자신에게 용서를 구하고 있다는 걸 토끼는 느꼈어요. 이제 거북이를 믿을 것인지 아닌지는 토끼가 결정해야 할 문제가 되었어요.

"자! 오늘은 대회 뒷풀이를 연못가에서 할 예정이니 빠짐없이 모여 주세요."

멧돼지 할머니가 뿔 나팔을 불며 안내했어요.

사슴 할아버지는 멧돼지 할머니와 함께 연못으로 향했어요. 동물들도 하나둘 그 뒤를 따랐어요.

"그래, 거북이가 나쁜 맘으로 그런 건 아닐 거야."

"그래 그래, 토끼가 용서해 주면 좋겠다."

"그건 토끼한테 맡겨야지, 우리가 판단할 문제는 아니야."

동물들이 한마디씩 했어요.

"나도 의심하고 따지고 들었으면 거북이가 나를 꾀어 용궁에 갈 기회를 주지 않았을 거야."

토끼는 자신의 부주의도 인정하게 되었어요.

"토끼야, 이번에는 거북이가 진짜 사과하는 건가 봐. 한 번만 믿어 줘."

여우가 토끼를 보며 말했어요.

"흠흠, 너도 뒷풀이에 갈 거지?"

토끼는 거북이에게 가까이 다가갔어요.

"내가 무슨 자격으로. 난 집에 가야지."

거북이가 몸을 돌렸어요.

"야, 너도 자격 있어. 돌고래 아저씨를 불러 줬잖아. 내가 바다를 건너게 도와줬고. 그만하면 자격 있는 거야."

토끼가 말했어요.

"어, 고마워. 그럼 나 용서해 주는 거야?"

"그럼 우리 집 고치는 거 도와줄 수 있어?"

토끼가 엉뚱한 말을 했어요.

"응? 뭐라고?"

거북이는 깜짝 놀라며 토끼를 바라보았어요.

"난 두 번 말 안 해. 내일까지 우리 집에 와서 도와줘. 점심은 내가 줄게."

토끼가 몸을 휙 돌리며 말했어요.

거북이는 멍하니 토끼의 등을 바라보았어요.

"바보야, 널 용서한 거잖아."

여우가 지나가며 거북이의 등을 툭 쳤어요.

"맞지? 토끼 마음이 풀린 거지? 히히, 이제야 살 것 같네."

거북이는 부지런히 토끼 뒤를 쫓아갔어요. 토끼가 슬며시 걸음을 늦추었어요.

"토끼야, 다시 믿어 줘서 고마워. 다시는 친구가 믿지 못하는 말과 행동은 하지 않을 거야."

거북이는 열심히 걸어가며 스스로 다짐했어요.

만일 나라면?

다른 사람과의 믿음이 깨졌을때 다시 그 사람을 믿기가 어려운 이유는 뭐라고 생각하니?

다시 화해하고 잘 지내더라도 언제 또 나를 속일지 모른다는 불안함이 있을 것 같아요.

그런데 예외도 있는 것 같아. 우리 부모님은 내가 어떤 잘못을 해도 날 믿어 주시거든.

잘못된 행동을 몇 번 했다고 절교하면 서로 아무도 믿지 못하게 될걸?

거북이도 자신을 믿어 주는 삼색 고양이가 있었기 때문에 토끼에게 용서를 계속 구할 수 있었던 거 아닐까? 내가 거북이에게 속은 토끼라면, 거북이의 진짜 마음을 알게 되었을 때 용서할 수 있을까?

☐ **그렇다. 왜냐하면…**

☐ **아니다. 왜냐하면…**

믿음도 키우고 재미도 키워요

 **등을 맞대고 서서 조금씩 간격 벌리기**

서로 등을 맞대고 섭니다.

하나, 둘, 셋! 이라고 말하고 동시에 한 발짝씩 이동합니다. 버틴다는 느낌보다는 서로를 믿고 서로에게 기대는 마음으로 움직입니다.

조금씩 앞으로 이동하면서 서로의 간격을 넓혀 보고 간격이 많이 벌어졌을 때 서로의 어깨에 목을 기대어 봅니다.

무릎을 살짝 굽혀 주면 간격이 넓어졌을 때 안정감을 줄 수 있어요.

활동이 끝나면 서로에게 고마움을 표하고 안아 줍니다.

 **2단계** 마주 보고 서서 손을 잡은 상태에서 조금씩 간격 벌리기

① 마주 보고 서서 손을 잡고 (손깍지 아님) 팔꿈치를 편 상태로 사람 인(人) 자를 만듭니다.

② 조금씩 간격을 벌려 나갑니다.

③ 버틴다는 느낌이 아니라 상대를 믿고 내 체중을 상대에게 맡기고 들어 낸다는 느낌으로 할 때 동작이 편안하게 잘 나와요.

④ 활동이 끝나면 서로에게 고마움을 표하고 안아 줍니다.

200만 부 판매 돌파!

AI시대 미리
토론

✅ **뭉치북스가 만든 국내 최초 토론책!**　　✅ **초등 국어**
　　　　　　　　　　　　　　　✅ **한국디베이트협회와 교**

01 함께 사는 로봇	12 과학 Cook! 문화 Cook! 음식의 세계	23 생태계의 파괴자? 외래 동식물	33 얼마나 작아질까? 어디까지 발달할까? 나노 기술과 첨단 세계
02 원시인도 모르는 공룡	13 과학을 훔친 수상한 영화관	24 콸콸콸~ STOP!!! 우리나라도 위험해요, 소중한 물	
03 더 멀리 더 높이 더 빨리 스포츠 과학	14 끝없이 진화하는 무서운 전염병	25 오늘도 나쁨! 작아서 더 무서운 미세먼지	34 찾아라! 생명체가 살 수 있는 또 다른 별, 제2의 지구
04 깜깜 우주 속 작은 별	15 지구 온난화와 탄소배출권	26 식량 위기에서 인류를 구할 미래 식량	35 배울수록 더 강해지는 인공 지능
05 노벨도 깜짝 놀란 노벨상	16 먹을까? 말까? 먹거리 X파일	27 썩지 않는 플라스틱! 지구와 인간을 병들게 하는 환경 호르몬	36 창조론이냐? 진화론이냐? 다윈이 들려주는 진짜진짜 진화론
06 지켜라! 멸종 위기의 동식물	17 우리 몸을 흐르는 피와 혈액형		
07 도시의 과학 수사대	18 진짜? 가짜? 가상현실과 증강현실	28 나와 똑같은 또 다른 나, 인간 복제	37 모두모두 소중한 생명! 멈춰요 동물 실험
08 살아 있는 백두산	19 두근두근 신비한 우리 몸속 탐험	29 미래의 디지털 첨단 의료	38 유해할까? 유용할까? 생활 속 화학 물질
09 콜록콜록! 오늘의 황사 뉴스	20 우리를 위협하는 자연재해	30 땅속 보물을 찾아라! 지하자원과 희토류	39 46억 년의 비밀, 생명을 살리는 지구
10 앗! 이런 발명가, 왜 저런 발명품	21 봄? 가을? 경계가 모호해지는 사계절	31 농사일부터 우주 탐사까지, 미래는 드론 시대	40 과학자가 가져야 할 덕목, 과학자 윤리와 책임
11 아낄수록 밝아지는 에너지	22 세균과 바이러스 꼼짝 마! 약과 백신	32 알쏭달쏭 미지의 세계, 뇌	

뭉치수학왕

수학이 쉬워지고, 명작보다 재미있는

100만 부 판매 돌파!

 +

"인공지능(AI) 시대의 힘은 수학에서 나온다!"

개념 수학

〈수와 연산〉
1 양치기 소년은 연산을 못한대
2 견우와 직녀가 분수 때문에 싸웠대
3 가우스, 동화 나라의 사라진 0을 찾아라
4 가우스는 소수 대결로 마녀들을 물리쳤어
5 앨런, 분수와 소수로 악당 히들러를 쫓아내라
6 약수와 배수로 유령 선장을 이긴 15소년

〈도형〉
7 헨젤과 그레텔은 도형이 너무 어려워
8 오일러와 피노키오는 도형 춤 대회 1등을 했어
9 오일러, 오즈의 입체도형 마법사를 찾아라
10 유클리드, 플라톤의 진리를 찾아 도형 왕국을 구하라
11 입체도형으로 수학왕이 된 앨리스

〈측정〉
12 쉿! 신데렐라는 시계를 못 본대

13 알쏭달쏭 알라딘은 단위가 헷갈려
14 아르키는 어림하기로 걸리버 아저씨를 구했어
15 원주율로 떠나는 오디세우스의 수학 모험

〈규칙성〉
16 떡장수 할머니와 호랑이는 구구단을 몰라
17 페르마, 수리수리 규칙을 찾아라
18 피보나치, 수를 배열해 비밀의 방을 탈출하라
19 비례배분으로 보물섬을 발견한 해적 실버

〈자료와 가능성〉
20 아기 염소는 경우의 수로 늑대를 이겼어
21 파스칼은 통계 정리로 나쁜 왕을 혼내 줬어
22 로미오와 줄리엣이 첫눈에 반할 확률은?

〈문장제〉
23 개념 수학-백점 맞는 수학 문장제①
24 개념 수학-백점 맞는 수학 문장제②
25 개념 수학-백점 맞는 수학 문장제③

융합 수학
26 쌍둥이 건물 속 대칭축을 찾아라(건축)
27 열차와 배에서 배수와 약수를 찾아라(교통)
28 스포츠 속 황금 각도를 찾아라(스포츠)
29 옷과 음식에도 단위의 비밀이 있다고?(음식과 패션)
30 꽃잎의 개수에 담긴 수열의 비밀(자연)

창의 사고 수학
31 퍼즐탐정 쎌렁홈즈①-외계인 스콜피오스의 음모
32 퍼즐탐정 쎌렁홈즈②-315일간의 우주여행
33 퍼즐탐정 쎌렁홈즈③-두쥬박쥬 백설 공주 구출 작전
34 퍼즐탐정 쎌렁홈즈④-'지지리 마란드러' 방학 숙제 대작전
35 퍼즐탐정 쎌렁홈즈⑤-수학자 '더하길 모테'와 한판 승부

36 퍼즐탐정 쎌렁홈즈⑥-설국언차 기관사 '어러도 달리능기라'
37 퍼즐탐정 쎌렁홈즈⑦-해설 및 정답

수학 개념 사전
38 수학 개념 사전①-수와 연산
39 수학 개념 사전②-도형
40 수학 개념 사전③-측정·규칙성·자료와 가능성

독후 활동지

본책 40권+독후 활동지 7권
정가 580,000원